BEI GRIN MACHT SICH IHR WISSEN BEZAHLT

- Wir veröffentlichen Ihre Hausarbeit,
  Bachelor- und Masterarbeit

- Ihr eigenes eBook und Buch -
  weltweit in allen wichtigen Shops

- Verdienen Sie an jedem Verkauf

Jetzt bei www.GRIN.com hochladen und kostenlos publizieren

Arbeitsrechtliche Grundlagen des Homeoffice unter besonderer Berücksichtigung der Corona Pandemie

Marion Strutz

Bibliografische Information der Deutschen Nationalbibliothek:

Die Deutsche Nationalbibliothek verzeichnet diese Publikation in der
Deutschen Nationalbibliografie; detaillierte bibliografische Daten sind
im Internet über http://dnb.d-nb.de abrufbar.

ISBN: 9783346576385
Dieses Buch ist auch als E-Book erhältlich.

Druck und Bindung: Books on Demand GmbH, Norderstedt Germany
Gedruckt auf säurefreiem Papier aus verantwortungsvollen Quellen

Das vorliegende Werk wurde sorgfältig erarbeitet. Dennoch
übernehmen Autoren und Verlag für die Richtigkeit von Angaben,
Hinweisen, Links und Ratschlägen sowie eventuelle Druckfehler keine
Haftung.

Das Buch bei GRIN: https://www.grin.com/document/1167609

Hamburger Fern-Hochschule

Betriebswirtschaft

Projektarbeit zum Thema:

Arbeitsrechtliche Grundlagen des Homeoffice unter besonderer Berücksichtigung der Corona-Pandemie

Marion Strutz

Die Projektarbeit ist bis zum 28.06.2021 einzureichen.

Inhaltsverzeichnis

Abkürzungsverzeichnis

Abs.	Absatz
ArbSchG	Arbeitsschutzgesetz
Art.	Artikel
BMAS	Bundesministerium für Arbeit und Soziales
bzw.	beziehungsweise
CDU	Christiliche Demokratische Union
CSU	Christiliche Soziale Union
EuGH	Europpäischer Gerichtshof
GewO	Gewerbeordnung
GG	Grundgesetz
IFAA	Institut für angewandte Arbeitswissenschaft
IT	Informationstechnologie
LAG	Landesarbeitsgericht
Rom I-VO	Rom I Verordnung
Ver.Di	Vereinte Dienstleistungsgesellschaft
Vgl.	Vergleiche

1 Einleitung

Seit mehr als eineinhalb Jahren prägt die Corona-Pandemie nicht nur das gesellschaftliche Zusammenleben, sondern auch die wirtschaftliche Situation der Unternehmen in Deutschland. Das Instrument des Homeoffice ist in der vergangenen Zeit nicht nur für jedermann ein Begriff, sondern auch für Millionen Arbeitnehmer in Deutschland zur Gegenwart geworden. Durch die Einführung der „Heimarbeit" während der Pandemie rücken vermehrt arbeitsrechtliche Problematiken in den Fokus. Insbesondere die Pflicht zur Einführung von Schutzmaßnahmen für Arbeitnehmer werden in Zeiten der Corona-Pandemie im Rahmen der arbeitsrechtlichen Fürsorgepflicht relevant. Diese Fürsorgepflicht beinhaltet u.a. die Gewährleistung und Einhaltung der infektionsschutzrechtlichen Abstandsgebote (vgl. Fuhlrott et al. 2020:345 f.).

Ziel der Projektarbeit ist es daher, praktische Implikationen zur Minimierung der betrieblichen Risiken während der Verlagerung der beruflichen Tätigkeiten in das Homeoffice zu beleuchten. Denn bei der Durchführung des Homeoffice und der Teleheimarbeit ergeben sich vielfältige arbeitsrechtliche und datenschutzrechtliche Fragen und Herausforderungen. Diese beziehen sich auf die aktuelle Situation der Corona-Pandemie, wie auch weiterführend auf die Phasen, in denen die Arbeitnehmer innerhalb der alternierenden Telearbeit teilweise wieder in die Betriebsstätte zurückkehren können, sowie auf die weitere Zukunft des Homeoffice in der modernen Arbeitswelt (vgl. Krieger et al. 2020 : 186 f.). Im Zusammenhang der aktuellen Corona-Krise und der Förderung der Telearbeit nehmen die politischen und arbeitsrechtlichen Forderungen nach einem Rechtsanspruch auf das Arbeiten im Homeoffice zu (vgl. Graenetzny, Markworth 2020:160).

Anmerkung: Zur besseren Lesbarkeit wird in der vorliegenden Arbeit auf die gleichzeitige Verwendung männlicher und weiblicher Sprachformen verzichtet. Es wird das generische Maskulinum verwendet, wobei beide Geschlechter gleichermaßen gemeint sind.

2 Begriffsbestimmungen

Im Rahmen der Bearbeitung des Projektthemas werden die wesentlichen Begriffe Telearbeit und Homeoffice ausführlich definiert. Insgesamt ist in der Bundesrepublik Deutschland die Begrifflichkeit für die Arbeit außerhalb der Betriebsarbeitsstätte uneinheitlich. Hier spricht das Gesetz pauschal von Telearbeit (vgl. Krieger et al. 2020:473). Jedoch müssen nach dem jeweiligen Umfang und dem konkreten Einsatzort weitere Differenzierungen vorgenommen werden (vgl. Schöllmann 2019:82).

2.1 Telearbeit

Der Begriff der Telearbeit bezeichnet im Rahmen der mobilen Arbeit Tätigkeiten, welche unabhängig vom Standort des Arbeitgebers mit Hilfe von digitalen Informations- und Kommunikationsmitteln ausgeübt werden (vgl. Schöllmann 2019: 82). Dabei sind die Telearbeitenden mittels elektronischer Kommunikationsmittel mit der zentralen Betriebsstätte des Arbeitgebers verbunden. Dabei ermöglichen die digitalen Informations- und Kommunikationsmöglichkeiten die räumliche und teilweise zeitliche Unabhängigkeit dieser Tätigkeiten des Arbeitnehmers (vgl. Huber 2007:22 f.). Im Rahmen der heimbasierten Telearbeit arbeiten die Arbeitnehmer, im Gegensatz zur Präsenzarbeit an der Betriebsstätte des Arbeitgebers, ausschließlich zu Hause. Dort weisen diese an ihrem Arbeitsplatz einen internetverbundenen Computer auf, über den eine digitale Verbindung zum Arbeitgeber und zum Firmennetz hergestellt werden kann (vgl. Krieger et al. 473). Im Rahmen der alternierenden Telearbeit arbeiten die Arbeitnehmer sowohl am zentralen Arbeitsplatz wie auch in ihrer eigenen Wohnung, wobei diese zwischen diesen beiden Arbeitsplätzen hin- und herwechseln. Hier sind genaue Absprachen notwendig, wo zu welchen Zeiten gearbeitet werden soll und wann die Anwesenheit am zentralen Arbeitsplatz erforderlich ist (vgl. Krieger et al. 2020:473).

Insgesamt beinhaltet die Telearbeit eine Form der Informationsarbeit, bei der regelmäßig immaterielle, digital transformierbare Arbeitsgegenstände vorliegen. Die Telearbeit bildet eine Ausprägung der gegen Entlohnung verrichteten Erwerbsarbeit, entweder in einer arbeitsrechtlich selbständigen Form oder als abhängige Beschäftigung (vgl. Huber 2007: 7f.).

Im Rahmen des mobilen Arbeitens gibt es ebenfalls die Arbeitnehmer, welche weder von zu Hause noch im Büro arbeiten wie beispielsweise Handelsvertreter, Kundenbetreuer und ähnliche Berufsgruppen. Hier wird die Tätigkeit an unterschiedlichen und wechselnden Arbeitsorten wie beispielsweise die Kundenwohnungen und der Fernzugriff auf die IT-Struktur des Unternehmens relevant. Für die Bestimmung des gewöhnlichen Arbeitsortes im Fall von mobilen Arbeitsplätzen und Arbeitsverhältnissen innerhalb des staatsfreien Raums wird hier die Bestimmung des Art. 8 Abs. 2 Rom I-VO relevant: Insofern das auf den Arbeitsvertrag anwendbare Recht nicht durch eine Rechtswahl festgelegt ist, orientiert sich der mobile Arbeitsvertrag an dem Recht des Staates, in welchem, beziehungsweise von welchem aus der Arbeitnehmer in Ausübung des Vertrags gewöhnlich seine Arbeit erbringt.

Dabei wechselt der Staat, in welchem die Arbeit gewöhnlich erbracht wird, nicht in den Fällen, in denen der Arbeitnehmer temporär seine Arbeit in einem anderen Staat erbringt. Bei der Gestaltung von mobilen Arbeitsplätzen insbesondere in Verkehrsmitteln, Hotels, Kundenwohnungen und weiteren öffentlichen und privaten Räumen übernimmt der Arbeitnehmer einen Teil der Verantwortung für das Einhalten des Arbeits- und Gesundheitsschutzes bei der mobilen Arbeit. Dementsprechend müssen die mobilen Arbeitnehmer vom Arbeitgeber dahingehend unterwiesen werden (vgl. Müller 2019: 45f.).

Bei der mobilen Arbeit gilt der Arbeitsschutz analog den nicht mobil tätigen Arbeitnehmern. Dabei müssen die mobilen Arbeitnehmer in umfassender Weise über die Risiken der mobilen Arbeit und das Gestalten ihrer mobilen Arbeitsumgebung sowie der geeigneten körperlichen Entlastungszyklen unterrichtet werden. Zusätzlich muss die mobile Arbeit zum Gegenstand einer Gefährdungsbeurteilung nach § 5 Arbeitsschutzgesetz gemacht werden (vgl. Müller 2019:45f.).

2.2 Begriff des Homeoffice

Der Begriff des Homeoffice ist bisher nicht positivrechtlich verankert worden. Allgemein bezeichnet dieser eine flexible Arbeitsform, bei welcher die Arbeitnehmer beziehungsweise die Beschäftigten ihre Arbeit komplett oder partiell von zu Hause, aus dem privaten Umfeld heraus durchführen. Der Begriff des Homeoffice wird oft als Synonym für den heimischen Telearbeitsplatz verwendet (vgl. Krieger et al. 2020: 473 f.).

Der Begriff des Homeoffice muss hier abgegrenzt werden von dem Oberbegriff der mobilen Arbeit bzw. des Mobile Office. Dieser bezeichnet die ortsungebundenen Tätigkeiten von allen möglichen Arbeitsplätzen aus, wie beispielsweise vom Hotel aus, aus der Bahn, im Restaurant etc. (vgl. Krieger et al. 2020: 82). Bei der mobilen Arbeit kann der Arbeitnehmer weitgehend autonom entscheiden, an welchem Ort er seine Arbeitsleistung erbringen will (vgl. Krieger et al. 2020:82). Insgesamt kann jedoch nicht jede Arbeitsleistung nach ihrer Eigenart an beliebigen Orten, insbesondere von zu Hause aus, erbracht werden. Diese Problematik erstreckt sich auf sämtliche Wirtschaftssektoren, wie namentlich die Produktion, die Industrie, den Transport, die Landwirtschaft und den Dienstleistungssektor (vgl. Domenig 2020: 22).

Hier ergeben sich insbesondere auch für die jeweilige Wohnsituation von Arbeitnehmern Komplikationen und Bedenken auf Grund von Platzmangel, der Familiensituation, eines mangelnden Breitbandinternetanschlusses, fehlender Endgeräte oder auch mangelnder datenschutzrechtlicher Vorkehrungen etc. (vgl. Schöllemann 2019: 82).

Wenn die faktischen Gegebenheiten die Arbeit außerhalb der Betriebsstätte zulassen, wird für diese eine angemessene rechtliche Grundlage erforderlich (vgl. Küttner, Röller 2019). Wenn der Arbeitgeber und der Arbeitnehmer dem Homeoffice zustimmen, gestaltet sich diese unproblematisch. Hierfür können Regelungen schon im originären Arbeitsvertrag beziehungsweise in einer speziellen Homeoffice-Vereinbarung festgelegt werden. Wegen der fehlenden Formerfordernis können auch konkludente Vereinbarungen getroffen werden (vgl. Schöllmann 2019:82).

Insgesamt ergeben sich vielfältige Vor- und Nachteile der Arbeitsgestaltung im Homeoffice für die Arbeitgeber. Hier entstehen Vorteile bei den Personal-, Verwaltungs-, Reise- und Bürokosten sowie eine Steigerung der Arbeitseffizienz und der Arbeitsmotivation und Kreativität (vgl. Huber 2007:17).

Nachteile für die Arbeitgeber ergeben sich u.a. durch die Verringerung der Kontroll- und Führungsmöglichkeiten und der Veränderung der Unternehmenskultur durch die indirekten Kommunikationsformen. Ferner ergeben sich vielfältige Probleme bei der rechtlichen Ausgestaltung des Homeoffice sowie Komplikationen bei der Ausprägung des Datenschutzes (vgl. ebenda).

Für die Arbeitnehmer ergeben sich ebenfalls vielfältige Vor- und Nachteile der Arbeitsgestaltung im Homeoffice. Hier entstehen die Vorteile der höheren Flexibilität der Arbeitsgestaltung, der höheren Selbständigkeit sowie Zeitsouveränität und der besseren Vereinbarkeit von Berufs- und Familienleben (vgl. Krieger 2020: 473).

3 Der gesetzliche Anspruch auf Homeoffice

Insgesamt will die deutsche Politik schon lange auf die Entwicklung der Ausweitung der Telearbeit reagieren. So waren schon in dem Koalitionsvertrag zwischen CDU, CSU und SPD vom 7.2.2018 Fördermaßnahmen für die mobile Arbeit vereinbart worden: Diese will die mobile Arbeit insgesamt fördern und intensivieren. „Dazu werden wir einen rechtlichen Rahmen schaffen. Zu diesem gehört auch ein Auskunftsanspruch der Arbeitnehmer gegenüber ihrem Arbeitgeber über die Entscheidungsgründe der Ablehnung sowie Rechtssicherheit für Arbeitnehmer wie Arbeitgeber im Umgang mit privat genutzter Firmentechnik. Auch die Tarifpartner sollen Vereinbarungen zu mobiler Arbeit treffen" (vgl. Schöllmann 2019:82).

Hier wollte die SPD-Bundestagsfraktion noch weiterführend den Arbeitnehmern einen gesetzlichen Anspruch auf mobiles Arbeiten verschaffen (vgl. SPD-Bundestagfraktion v. 17.05.2019 auf „spdfraktion.de"). Auch Bündnis 90/Die Grünen und die Gewerkschaften (vgl. EU-Schwerbehinderung, Grüne fordern Homeoffice per Rechtsverordnung vom 15.6.2021) fordern ein Recht der Arbeitnehmer auf Homeoffice beziehungsweise einen mobilen Arbeitsplatz. Vor dem Hintergrund der schwerwiegenden Corona-Infektionslage sei ein umgehender Erlass hinsichtlich eines Homeoffice-Gebots dringend erforderlich. Danach müsse das BMAS eine befristete Rechtsverordnung verfassen, nach der die Arbeitgeber verpflichtet seien, ihre Arbeitnehmer in das Homeoffice zu schicken, insofern dies durch die Art der Arbeit zulässig sei (vgl. SPD-Bundestagfraktion v. 17.05.2019 auf „spdfraktion.de").

Im Rahmen des Homeoffice-Gebots müsse eine befristete Rechtsverordnung formuliert werden, welche sofort wirksam sei. Dahingehend müsse das BMAS endlich Art. 18 Abs. 3 des Arbeitsschutzgesetzes (ArbSchG) umgesetzt und dadurch eine befristete Rechtsverordnung erlassen werden (vgl. ebenda). Im Kontext des aktuellen Infektionsgeschehens sei es sehr fahrlässig, dass immer noch Arbeitgeber ihren Arbeitnehmern die Arbeit im Homeoffice verweigern würden. Speziell in Großraumbüros seien die Arbeitnehmer besonders gefährdet und könnten sich schnell mit dem Virus infizieren. Hier sei es im Rahmen der Fürsorgepflicht der Arbeitgeber erforderlich, die Arbeitnehmer vor der drohenden Infektion zu schützen (vgl. EU-Schwerbehinderung, Grüne fordern Homeoffice per Rechtsverordnung vom 15.6.2021).

Nach § 2 Abs. 4 Corona-ArbSchV muss der Arbeitgeber jedoch den Arbeitnehmern bei der Büroarbeit oder analogen Tätigkeit ein Angebot zum Homeoffice machen, wenn dem keinerlei zwingende betriebsbedingte Gründe widersprechen.

4 Einführung von Homeoffice

In Analogie zur Einführung der Kurzarbeit erfordert auch die Einführung einer Homeoffice-Tätigkeit eine wirksame Rechtsgrundlage. Dabei können der jeweilige Umfang sowie die inhaltliche Ausgestaltung von Tätigkeiten im Homeoffice vom Arbeitgeber und Arbeitnehmer im Rahmen einer individuellen Vereinbarung geregelt werden. Hier werden regelmäßig diesbezügliche Regelungen im Arbeitsvertrag oder Vereinbarungen zum Homeoffice getroffen, die den Arbeitsvertrag ergänzen. In den Betrieben mit Betriebsräten werden die Rechte und Pflichten zu den Tätigkeiten im Homeoffice zum großen Teil im Rahmen von übergeordneten Betriebsvereinbarungen reguliert (vgl. Bertram et al. 2021: 21f.).

4.1 Einseitige Anordnung des Arbeitgebers durch Direktionsrecht

Es ist zu fragen, inwiefern der Arbeitgeber ohne eine vertragliche Absprache oder eine Betriebsvereinbarung die Berechtigung zur einseitigen Anordnung des Arbeitens im Homeoffice durch sein Direktionsrecht gemäß § 106 GewO aufweist.

Nach Urteil des LAG Berlin-Brandenburg (LAG Berlin-Brandenburg 2019: 47) unterfällt die Versetzung eines Arbeitnehmers in das Homeoffice nicht dem Direktionsrecht des Arbeitgebers gemäß § 106 GewO. Hier könne eine Tätigkeit im Homeoffice keinesfalls mit der Tätigkeit im Rahmen einer Betriebsstätte verglichen werden, weil der Arbeitnehmer hierbei seinen unmittelbaren Kontakt zu den Kollegen verliere. Ferner reduzierten sich die Möglichkeiten zum kommunikativen Austausch mit seinen Kollegen und ergäbe sich eine Verwischung der Grenzen zwischen Arbeit und Freizeit und eine schwerere Erreichbarkeit des Arbeitnehmers, für den Betriebsrat sowie die Gewerkschaft (LAG Berlin-Brandenburg, ArbRAktuell 2019: 47). Jedoch ist die Begründung des Gerichts im Kontext der Krisensituation wie der Corona-Pandemie nicht überzeugend. So ist ein Großteil der Belegschaft schon freiwillig im Homeoffice tätig, während in den Betrieben regelmäßig lediglich ein Notdienst aufrechterhalten wird (vgl. Fuhltrott et al. 2020: 345).

In dieser Krisensituation wird die vom LAG Berlin-Brandenburg (vgl. Fuhltrott et al. 2020: 20f.). aufgeführte Begründung der Reduktion der Kommunikation sowie des sozialen Austausches im Unternehmen durch das wichtigere Argument des

Gesundheitsschutzes überwogen. Im Rahmen der Corona-Pandemie wäre die soziale Interaktion der Arbeitnehmer mit ihren Kollegen und Vorgesetzen sowieso überhaupt nicht oder lediglich unter erschwerten Bedingungen durchführbar, weil zwingend ein Mindestabstand untereinander eingehalten werden muss. So ergäbe sich in diesem Kontext stattdessen ein gesundheitsrelevanter Vorteil durch die Tätigkeit im Homeoffice in Relation zu der Tätigkeit im Unternehmen (vgl. Günther, Böglmüller 2020:345).

Zusätzlich bezog sich das Urteil des LAG Berlin-Brandenburg auf einen Sachverhalt, in welchem der Arbeitnehmer permanent ins Homeoffice versetzt wurde. Hieraus ergibt sich eine weitere Reduktion der Bedeutsamkeit der Argumentation des Gerichts, weil der Verlust des unmittelbaren Kontakts des Arbeitnehmers zu seinen Kollegen noch weniger wesentlich erschiene, wenn die Versetzung ins Homeoffice sowieso nur temporär erfolgt. Insofern die Arbeitgeber die Option und die Vorteile des Homeoffice in Krisenzeiten lediglich für einen begrenzten Zeitraum nutzen wollen, ergibt sich daraus keine gravierende Schädigung der Arbeitnehmer auf Grund des Totalverlusts der sozialen Interaktion mit den Kollegen (vgl. Fuhltrott 2020:345).

Nach § 2 Abs. 4 Corona-ArbSchV muss der Arbeitgeber den Arbeitnehmern aktuell im Rahmen der Corona-Pandemie bei der Büroarbeit oder analogen Tätigkeit ein Angebot zum Homeoffice machen, wenn dem keinerlei zwingende betriebsbedingte Gründe widersprechen.

4.2 Loyalitätspflicht des Arbeitnehmers

Zusätzlich muss der Arbeitnehmer stets im Rahmen seiner arbeitsvertraglichen Nebenpflichten seine Loyalitätspflicht gegenüber dem Arbeitgeber erfüllen. Danach muss der Arbeitnehmer gemäß § 611 a BGB die Rechtsgüter sowie die Belange des Arbeitgebers besonders berücksichtigen. In den Fällen, in denen mittels der Tätigkeit im Homeoffice im Rahmen einer Betriebsschließung ein möglicher Schaden des Arbeitgebers vermieden werden kann, unterliegen die Arbeitnehmer schon im arbeitsvertraglichen Sinne der Verpflichtung zur Arbeit im Homeoffice (vgl. Günther, Böglmüller).

4.3 Fürsorgepflicht des Arbeitgebers

Im Kontext der Corona-Pandemie weist der Arbeitgeber nicht lediglich das Recht zur Versetzung von Arbeitnehmern ins Homeoffice, sondern ebenfalls die Verpflichtung dazu auf, weil er im Rahmen seiner arbeitsvertraglichen Nebenpflicht eine spezielle Fürsorgepflicht gegenüber sämtlichen Arbeitnehmern innehat. Wenn im Unternehmen eine erhöhte Gefährdung für die Gesundheit der Arbeitnehmer vorliegt, kann es erforderlich sein, einzelne Arbeitnehmer oder die komplette Belegschaft in das Homeoffice zu versetzen (vgl. Fuhltrott 2020:345).

In diesem Sinne muss der Arbeitgeber den Mitarbeitern, welche schon charakteristische Krankheitssymptome aufweisen beziehungsweise aus festgelegten Risikogebieten zurückkehren, die Tätigkeit vor Ort im Unternehmen untersagen. Hier kann der Arbeitgeber im Rahmen der Einhaltung seiner spezifischen arbeitsschutzrechtlichen Pflichten schon vorsorglich diese gefährdeten und gefährdenden Arbeitnehmer zur Erbringung ihrer Tätigkeit im Homeoffice anweisen (ebenda).

5 Rechtsanspruch des Arbeitnehmers auf Homeoffice

5.1 Während der Pandemie

Die Arbeitnehmer weisen ohne eine diesbezügliche Vereinbarung keinen Rechtsanspruch auf die Verrichtung ihrer Arbeit im Homeoffice auf. Dieser gesetzliche Rechtsanspruch auf Homeoffice wird in der Bundesrepublik Deutschland bislang lediglich im Rahmen der politischen Diskussion virulent. Arbeitnehmer dürfen daher auch aktuell nicht ohne Zustimmung des Arbeitgebers ihre Tätigkeit nach Hause verlagern (vgl. Fuhltrott et al. 2020:345).

Dieser Anspruch kann nur in den Fällen konkretisiert werden, in denen der Arbeitgeber seine arbeitsschutzrechtlichen Pflichten gemäß § 618 BGB sowie die öffentlich-rechtlichen Arbeitsschutznormen nicht in hinreichender Weise erfüllt. Dann ist ein spezifisches Leistungsverweigerungsrecht des Arbeitnehmers gemäß § 273 BGB gegeben (vgl. Bertram et al. 2021: 20).

Wenn durch den Arbeitgeber die erforderlichen Hygienestandards im Unternehmen nicht eingehalten oder der Mindestabstand zwischen den Arbeitnehmern nicht gewährleistet werden können, könnte innerhalb enger Grenzen ein eigenmächtiges Verlagern der Tätigkeiten des Arbeitnehmers in das Homeoffice auch ohne das Einverständnis des Arbeitgebers möglich sein. Dafür müssten aber die arbeitsvertraglich erforderliche Leistung des Arbeitnehmers aus dem Homeoffice ohne Einbußen erbracht werden können und die Geheimhaltungsinteressen des Unternehmens nicht gefährdet werden (vgl. Bertram et al. 2021:20).

Dabei entsteht keinesfalls aus jedem Verstoß des Arbeitgebers gegen § 618 BGB und die öffentlich-rechtlichen Arbeitsschutznormen ein begründetes Leistungsverweigerungsrecht des Arbeitnehmers. Wenn nur kleine beziehungsweise kurzzeitige Verstöße ohne Verursachung eines nachhaltigen Schadens vorliegen, entspräche es hier noch einem billigen Ermessen, wenn der Arbeitnehmer durch den Arbeitgeber zur Ausübung seiner Arbeitstätigkeit im Büro angewiesen würde (vgl. Günther/Böglmüller 186). Hier liegt ein diesbezüglicher Wertungsspielraum vor, inwiefern diese Verstöße gegenüber geltenden Schutznormen gegeben sind, welche eine Leistungsverweigerung des Arbeitnehmers legitimieren. Daher sollten die Arbeitnehmer vor einer kompletten Leistungsverweigerung stets als einen weniger gravierenden Eingriff in ihr Leistungsversprechen zuerst dem Arbeitgeber das Angebot zur Fortsetzung ihrer Tätigkeit im Homeoffice machen. (Vgl. Bertram et al. 2021:20).

5.2   Nach der Pandemie

Wenn die pandemie-relevanten Schutzmaßnahmen nicht mehr notwendig sind, werden die Arbeitnehmer in der Regel wieder aus ihrem Homeoffice in die Unternehmen zurückkehren. Hier kann der Arbeitgeber einseitig die Wiederaufnahme der Tätigkeiten am Betriebsstandort anordnen, wenn dazu keine konträre Vereinbarung zu der Tätigkeit im Homeoffice vorliegt. Insgesamt gibt es keinen Rechtsanspruch der Arbeitnehmer auf die Fortführung ihrer Tätigkeiten im Homeoffice. Dieser kann nicht aus der Gegebenheit einer betrieblichen Übung oder aus dem Konkretisieren des Weisungsrechts des Arbeitgebers entstehen (vgl. Günther, Böglmüller 2020).

Für die betriebliche Übung wird vorausgesetzt, dass der Arbeitnehmer aus dem Verhalten des Arbeitgebers konkludent schließen kann, dass der Arbeitgeber eine zum wiederholten Mal gewährte Leistung auch in Zukunft gewähren will. Jedoch kennt der Arbeitnehmer in der Regel den nur temporären Charakter der Weisung für die Tätigkeit im Homeoffice. Er weiß, dass die Versetzung ins Homeoffice nur in den erforderlichen Sicherheitsvorkehrungen für den Schutz der Volksgesundheit sowie dem Fortbestand des Unternehmens begründet ist (vgl. Günther/ Böglmüller 2020:186). Hier kann aus der objektiven Empfängerperspektive zunächst kein Verpflichtungswille des Arbeitgebers zur dauerhaften Gewährung der Arbeit im Homeoffice über die Beendigung der Pandemie hinaus angenommen werden. Diese Annahme liegt auch dann regelmäßig vor, wenn der Arbeitgeber bei dem Anordnen des Homeoffice keinesfalls ausdrücklich den nur temporären Charakter der Versetzung benannt hat, wenn diese Anordnung evidenterweise mit der Pandemie zusammenhängt (vgl. ebenda).

6 Bestimmungen zur Arbeitszeit im Homeoffice

Die Regelungen zur Arbeitszeit und deren Erfassung im Homeoffice sowie in sämtlichen mobilen Arbeitsformen sind denen am betrieblichen Arbeitsplatz analog. Diese Analogie erstreckt sich auf das Festlegen der jeweiligen zeitlichen Lage der Arbeitszeit durch den Arbeitgeber und auf die Bestimmungen des Arbeitszeitgesetzes (vgl. Bertram 2021:18f.).

6.1 Lage der Arbeitszeit

Analog seinen Rechten im Betrieb kann der Arbeitgeber prinzipiell auch bei den Tätigkeiten im Homeoffice die zeitliche Lage der spezifischen Arbeitszeit seiner Beschäftigten festlegen. Weil sich aus der Einrichtung eines Homeoffice für den Arbeitgeber und den Arbeitnehmer Erwartungen hinsichtlich einer gewissen Flexibilität ergeben, wird hier in der Regel kein allzu enger Zeitrahmen für das Festlegen der Arbeits- und Pausenzeiten festgelegt (vgl. Bertram et al.2021:19f.). Jedoch weist der Arbeitgeber prinzipiell ein berechtigtes Interesse dahingehend auf, die Präsenz und Erreichbarkeit des Arbeitnehmers im Homeoffice mindestens während spezifischer Kernzeiten zu gewährleisten. Hierfür sollten spezifische Zeitfenster für die grundsätzliche Erreichbarkeit der Arbeitnehmer, die Art und Weise ihrer Kontaktierung über Telefon oder über E-Mail sowie deren Reaktionszeiten bei einer kurzzeitigen Verhinderung vereinbart werden. Dabei werden regelmäßig ebenfalls feste Termine insbesondere für Teambesprechungen über Video- beziehungsweise Telefonkonferenz festgelegt (vgl. Frett 2020:13).

Eine spezifische Problemkonstellation ergibt sich aus der potenziellen Selbstbestimmung der Arbeitszeiten durch den Arbeitnehmer ohne eine zeitliche Festlegung durch den Arbeitgeber dahingehend, dass die Arbeit dann oft aus einem rein arbeitnehmerseitigen Interesse zu den Zeiten geleistet wird, welche für das betriebliche Interesse ungünstig oder problematisch erscheinen, wie beispielsweise an Sonn- und Feiertagen oder bei Nacht (vgl. Frett 2020:13). Ferner kann durch das eigenverantwortliche Festlegen der Arbeitszeiten durch den Arbeitnehmer leicht eine Mehrarbeit im Rahmen des Arbeitsvertrages entstehen, woraus sich Fragen in Bezug auf eine mögliche Zuschlagspflicht und Überstundenvergütung entwickeln. Hier startet das Prinzip, dass sich der Arbeitgeber prinzipiell keine Mehrarbeit aufdrängen lassen müsse, ebenfalls auf den Bereich des Homeoffice (vgl. Frett 2020:13).

Diesbezüglich muss der Arbeitgeber stets das Thema der Mehrarbeit vertraglich regulieren. Hier sollte eine spezifische Abgeltungsklausel mit dem Benennen einer konkreten Anzahl von Überstunden formuliert und die Voraussetzungen für die Vergütung der Überstunden, namentlich die Notwendigkeit der Vorabgenehmigung, festgelegt werden (vgl. Bertram 2021: 19 f.; Frett 2020: 86 f.). Ferner muss in der betrieblichen Praxis sichergestellt werden, dass die Arbeit, welche innerhalb des Mehrarbeitsbereichs erbracht wird, ausschließlich in den Fällen angenommen sowie akzeptiert werden kann, wenn deren Erbringung auch faktisch im betrieblichen Interesse liegt (vgl. Bertram 2021: 19 f).

6.2 Arbeitszeitgesetz

Auch im Bereich des Homeoffice gelten die zwingenden Vorschriften des Arbeitszeitgesetzes (ArbZG) ohne Einschränkung. Danach gilt regelmäßig eine Höchstarbeitszeit von acht Stunden pro Tag und als Ausnahme zehn Stunden mit Zeitausgleich. Ferner gelten eine Ruhezeit von elf Stunden, ein Ausschluss der Arbeit an Sonn- und Feiertagen und zwingende Pausenzeiten (vgl. Bertram et al. 2020: 20 f.).

Daraus ergibt sich eine spezielle Problematik, insofern die Arbeitgeber lediglich eingeschränkte Kontrollmöglichkeiten zu den Arbeits- und Pausenzeiten ihrer Arbeitnehmer innehaben. Ebenfalls findet im Bereich des Homeoffice naturgemäß ein häufiger Wechsel zwischen den Arbeitstätigkeiten und dem Freizeitverhalten statt. Dabei bildet der Gang zur Küche beziehungsweise Toilette keine reguläre Arbeitszeit. Dieser Ausschluss verschärft sich in den Fällen, wenn diese Unterbrechungen durch Familienmitglieder motiviert werden (vgl. Schrader 2019:1035).

Im Kontext des Homeoffice muss jeder Arbeitnehmer zum Einhalten der zwingenden Vorschriften des ArbZG verpflichtet werden. Zur Befolgung der gesetzlichen Bestimmungen durch die Arbeitnehmer und der Differenzierung von schwierigen Abgrenzungsfragen zwischen dem Arbeits- und dem Freizeitbereich sollten regelmäßig eine schriftliche Unterrichtung sowie eine Schulung sämtlicher Arbeitnehmer und der Führungskräfte im Homeoffice zu den Inhalten des Arbeitszeitrechtes durchgeführt werden (vgl. Bertram et al. 2021: 20f.).

6.3 Erfassung der Arbeitszeit

Bislang mussten gemäß § 16 Abs. 2 ArbZG Aufzeichnungen nur über die Arbeitszeiten, welche über die vereinbarten werktäglichen Arbeitszeiten hinausgehen, und ein spezielles Verzeichnis der Arbeitnehmer geführt werden, welche eine Einwilligung in eine Arbeitszeitverlängerung vollzogen haben (vgl. Schrader 2019:1035 f.).

In Folge eines aktuellen Urteils des EuGH (vgl. EuGH 14. 5. 2019 – C-55/18, NZA 2019, 683-CCOO.) müssen die nationalen Gesetzgeber nun geeignete Vorschriften für die Verpflichtung der Arbeitgeber zur vollständigen Erfassung der gesamten Arbeitszeit formulieren. Danach müssen die Arbeitgeber nun ein objektives, zuverlässiges sowie zugängliches System einführen, durch das die von sämtlichen Arbeitnehmern erbrachte tägliche Arbeitszeit präzise gemessen und dokumentiert werden kann (vgl. EuGH 14. 5. 2019 – C-55/18, NZA 2019, 683-CCOO.). Jedoch ergab sich Kritik an diesem Urteil dahingehend, dass bis zu dem Zeitpunkt einer gesetzlichen Neuregelung in der Bundesrepublik Deutschland noch kein lückenloses Zeiterfassungssystem eingerichtet werden müsse (vgl. Bertram et al. 2021:20 f.; Frett 2020: 86 f.).

Hier zielen jedoch die ersten arbeitsgerichtlichen Urteile (vgl. ArbG Emden, 20. 2. 2020, NZA – RR 2020, 279) auf eine europarechtliche Begründung ab und bestätigen diese Notwendigkeit der lückenlosen Zeiterfassung aus der Perspektive der Beweislastverteilung, welche namentlich in Prozessen in Bezug auf die Verpflichtung zur Überstundenvergütung relevant wird. Diese Beweislastverteilung bei einer Unrichtigkeit der Aufzeichnungen des Arbeitnehmers über geleistete Mehrarbeit kann speziell im Bereich des Homeoffice wesentlich werden (vgl. Bertram et al. 2021: 86 f.).

7 Zusammenfassung

Insgesamt kennen die Arbeitnehmer den nur temporären Charakter der Weisung für die Tätigkeiten im Homeoffice. Diese wissen in der Regel, dass die Legitimation für die Versetzung ins Homeoffice aus den erforderlichen Sicherheitsvorkehrungen für den Schutz der Volksgesundheit sowie dem Fortbestand des Unternehmens entsteht. Hier liegt auch kein Verpflichtungswille des Arbeitgebers zur dauerhaften Gewährung der Arbeit im Homeoffice vor (vgl. Fuhlrott /Fischer, 2020: 345 f.). Es besteht ein Reformbedarf de lege ferenda. So sollten Vorschriften eingeführt werden, dass für diejenigen Arbeitnehmer, welche regelmäßig und temporär mobil arbeiten, verbesserte Rahmenbedingungen geboten werden. So sollten innerhalb der Gewerbeordnung die Arbeitgeber prinzipiell mit den Arbeitnehmern in Hinsicht auf deren Wunsch nach Verrichtung von mobiler Arbeit nun stets in einen Dialog treten müssen (vgl. Günther et al.2020, 186). Ferner müssen bei einer Nichteinigung der Arbeitsvertragsparteien über die von den Arbeitnehmern begehrte mobile Arbeit die Arbeitgeber eine form- und fristgemäße Begründung ihrer ablehnenden Entscheidung formulieren.

Im Rahmen von einzelvertraglichen Regelungen oder Vertriebsvereinbarungen müssen hier ebenfalls bei einer sonst freien Wahl des Arbeitsplatzes arbeitsschutzrechtliche Mindestbedingungen für den faktischen Arbeitsplatz gestellt werden, wie beispielsweise ergonomische Stühle, Tische in einer bestimmten Höhe sowie ausreichende Lichtverhältnisse (vgl. Bitkom 2021).

Quellenverzeichnis

Althoff, L. /Bauer A. / Bell R. / Kauffmann-Jirsa S. (2020): Betriebsratsarbeit in Zeiten von Corona. Mitarbeiterfragen, Unternehmensprozesse, Selbstorganisation. 1. Aufl., Verlag Vahlen.

BDA - Die Arbeitgeber (2021): Arbeitsforschung 2021: Welche Forschungsfragen bewegen die Arbeitgeber und wie sieht die Arbeitswelt der Zukunft aus? Forschungspapier vom 28.Januar 2021. Bundesvereinigung der Deutschen Arbeitgeberverbände. Link: https://arbeitgeber.de/wp-content/uploads/2021/02/bda-arbeitgeber-forschungspapier-arbeitsforschung-2021.pdf, [Stand: 28.06.2021].

Bertram, A. / Falder, R. / Walk, R. (2021): Arbeiten im Home-Office in Zeiten von Corona. Ein Leitfaden zu Home-Office und mobilem Arbeiten. 2. Aufl. 2021 München Herausgegeben von Emplawyers. [u.a.]: Verlag C.H. Beck.

BGHW – Berufsgenossenschaft (2020): SARS-CoV-2 Arbeitschutzstandard. Bundesministerium für Arbeit und Soziales. Link: https://www.bmas.de/SharedDocs/Downloads/DE/Arbeitsschutz/sars-cov-2-arbeitsschutzstandard.pdf?__blob=publicationFile&v=1, [Stand: 28.06.2021]

Bitkom (2021): Mobiles und hybrides Arbeiten. Arbeiten in und nach der Corona-Pandemie. Bundesverband Informationswirtschaft, Telekommunikation und neue Medien e.V., Berlin.

Domenig, P. (2016): Homeoffice-Arbeit als besondere Erscheinungsform im Einzelarbeitsverständnis, Schriften zum Schweizerischen Arbeitsrecht, Heft 79, 1. Aufl. 2016 St. Gallen Stämpfli Verlag.

Effer-Uhe, D. / Mohnert, A. (2020): Tagungsband: Vertragsrecht in der Coronakrise. Online-Tagung im April 2020 [u.a.]: Nomos Verlag.

Frett, B. (2020): Der Praxisguide Home Office. Was Arbeitgeber wissen sollten – Organisation, Arbeitszeiterfassung, Fallstricke, Redline München 2021.

Fuhlrott, M./Fischer, K. (2020): Corona - Virale Anpassungen des Arbeitsrechts, NZA 2020, 345-350.

Granetzny, T. /Markworth, A. (2020): Kein gesetzlicher Anspruch, in: Hohenstatt, K. /Sittard, U.: Arbeitsrecht in Zeiten von Corona. Ein Leitfaden für Betriebe und Beschäftigte. C.H. Beck, München 2020, 32-34.

Günther, J./Böglmüller, M. (2020): COVID-19-Pandemie und Home-Office, ArbRAktuell 2020, 186-188.

Haschert, T. (2021): COVID-19, Rechtsfragen zur Corona-Krise. 3. Aufl. München [u.a.]: Verlag C.H Beck.

Hohenstatt, K. / Sittard, U. (2021): Arbeitsrecht in Zeiten von Corona. Ein Leitfaden für Betriebe und Beschäftigte. 2. Aufl. München: Verlag C.H. Beck.

Huber, L. (2007): Telearbeit – funktionierende Arbeitsform mit Potential und Zukunft? Soziologisches Institut der Universität Zürich 2007. Link: http://socio.ch/arbeit/t_liahuber.htm#2, [Stand: 28.06.2021].

IFAA- Institut für angewandte Arbeitswissenschaft (Hrsg.) (2019): Gutachten zur Mobilen Arbeit. Erstellt im Auftrag der Bundestagsfraktion der Freien Demokratischen Partei (FDP), Düsseldorf. Institut für angewandte Arbeitswissenschaft.

Klawitter, S. (2020): Das Arbeitsvertragsrecht in der Coronakrise, in: Vertragsrecht in der Coronakrise, S.223-244, 1.Aufl. Berlin [u.a.]: Nomos Verlag.

Krieger, S. / Rudnik, T. / Povedano, A. (2020): Homeoffice und Mobile Office in der Corona Krise, in: NZA - Neue Zeitschrift für Arbeitsrecht 2020 Heft 8, S. 473-480. Verlag C.H. Beck.

Küttner, W./Röller, J. (2019): Personalbuch, 26. Aufl., C.H. Beck, München 2019.

Meurer, F. (2020): Arbeitsrecht in Zeiten von Corona. Homeoffice, Kurzarbeit und andere Herausforderungen rund um das Lohnrisiko, in: JSE 3/2020, 95-102.

Müller-Glöge, R. / Preis, U. / Schmidt, I. Hrsg. (2021): Erfurter Kommentar zum Arbeitsrecht, 21. Aufl. 2021, Verlag C.H. Beck, München.

Müller, N. / Skrabs, S. / Lindner, M. (2019): Ver.di, Mobile Arbeit. Empfehlungen für die tarif- und betriebspolitische Gestaltung, Berlin 2020. https://innovation_guteabeit.verdi.de/++file++5c98f6502d9efb1be0436fd7/download/PraxisGestalten_MobileArbeit.pdf [Stand: 28.06.2021].

Müller, S. (2020): Homeoffice in der arbeitsrechtlichen Praxis, Rechtshandbuch für die Arbeit 4.0, 2. Aufl., Nomos, Baden-Baden 2020.

Ritz, S. (2021): Das Coronavirus – Folgen für die Arbeitswelt, Link: ebnerstolz.de/de/coronavirus-arbeitnehmer-arbeitgeber-321189.html, [Stand: 28.06.2021].

Röller, J.(Hrsg.) (2021): Personalbuch 2021, Arbeitsrecht, Lohnsteuerrecht, Sozialversicherungsrecht, Handbuch, 28. vollständige neubearbeitete Auflage 2021. Verlag C.H.Beck.

Saner, C. (1992): Telearbeit – Organisationsformen – Rechtsformen. Dissertation. Zürich 1992.

Schmidt, H. (2020) COVID-19, Rechtsfragen zur Corona-Krise, 2. Aufl., C.H. Beck, München.

Schöllmann, I. (2019): Mobile Working, Desksharing. H24, Beilage 2, S.69-72.

Schrader, P. (2019): Aufzeichnung und Dokumentation der Arbeitszeit, NZA 2019, 36. Jahrgang. Seite 1035 - 1039.

Schwede, J. (2020): Homeoffice wegen Covid-19. Arbeitsschutzrechtliche Erwägungen. In: ArbRAktuell Heft 7, 2020, 160-162. München [u.a.], Verlag C.H.Beck.